Ecologia da cidade

Samuel Murgel Branco

Biólogo e naturalista, foi professor titular de Saneamento e Ecologia Aplicada da Universidade de São Paulo. Como consultor internacional da OMS (Organização Mundial da Saúde), ministrou cursos em muitos países da América Latina. Após sua aposentadoria, passou a dedicar-se quase exclusivamente à produção de obras de divulgação científica voltadas ao Ensino Fundamental e Ensino Médio.

3ª edição
São Paulo, 2013

© **SAMUEL MURGEL BRANCO, 2013**
1ª edição, 1990
2ª edição, 2002

COORDENAÇÃO EDITORIAL: Lisabeth Bansi
ASSISTÊNCIA EDITORIAL: Paula Coelho; Patrícia Capano Sanchez
PREPARAÇÃO DE TEXTO: Andreia Pereira
COORDENAÇÃO DE PRODUÇÃO GRÁFICA: Dalva Fumiko N. Muramatsu
COORDENAÇÃO DE EDIÇÃO DE ARTE: Camila Fiorenza
DIAGRAMAÇÃO: Silvia Massaro
CAPA: Caio Cardoso
IMAGENS DE CAPA: ©Potapov Alexander/Shutterstock; ©Tungphoto/Shutterstock; ©Spectral-Design/Shutterstock; ©Leonid Andronov/Shutterstock; ©Susan Stevenson/Shutterstock
COORDENAÇÃO DE REVISÃO: Elaine C. Del Nero
REVISÃO: Nair Hitomi Kayo
PESQUISA ICONOGRÁFICA: Mariana Veloso Lima; Marcia Sato
COORDENAÇÃO DE BUREAU: Américo Jesus
TRATAMENTO DE IMAGENS: Fabio N. Precendo; Pix Art
PRÉ-IMPRESSÃO: Alexandre Petreca; Everton L. de Oliveira Silva; Hélio P. de Souza Filho; Marcio Hideyuki Kamoto; Vitória Sousa
COORDENAÇÃO DE PRODUÇÃO INDUSTRIAL: Wilson Aparecido Troque
IMPRESSÃO E ACABAMENTO: Forma Certa Gráfica Digital
LOTE: 775163
CÓDIGO: 12084837

Equipe técnica do Instituto Samuel Murgel Branco (ISMB) responsável pela reformulação deste livro: Mercia Regina Domingues Moretto, Fábio Cardinale Branco e Rosana Filomena Vazoller. Coordenação administrativa: Vera Lúcia Martins Gomes de Souza e Célia Massako Onishi.

Dados Internacionais de Catalogação na Publicação (CIP)
(Câmara Brasileira do Livro, SP, Brasil)

Branco, Samuel Murgel, 1930-2003
  Ecologia da cidade / Samuel Murgel Branco. – 3. ed. – reformulada. – São Paulo : Moderna, 2013. –
(Coleção desafios)

ISBN 978-85-16-08483-7

1. Ecologia (Ensino fundamental) I. Título. II. Série.

12-14023   CDD-372.357

Índices para catálogo sistemático:
1. Ecologia das cidades : Ensino fundamental   372.357

REPRODUÇÃO PROIBIDA. ART. 184 DO CÓDIGO PENAL E LEI Nº 9.610, DE 19 DE FEVEREIRO DE 1998

Todos os direitos reservados
EDITORA MODERNA LTDA.
Rua Padre Adelino, 758 – Belenzinho
São Paulo – SP – Brasil – CEP 03303-904
Vendas e atendimento: Tel. (011) 2790-1300
www.modernaliteratura.com.br
2023
Impresso no Brasil

À memória de meu pai, engenheiro Plinio A. Branco,
municipalista e pioneiro na difícil ciência
da Administração Pública Municipal.

(dedicatória do autor na primeira
edição do livro, em 1990)

Sumário

Apresentação, 6

1 A origem do homem e sua tendência gregária, 8

2 A cidade: um meio ambiente peculiar, 12

3 A cidade e o clima, 18

4 A cidade e as águas, 25

5 O ar da cidade, 32

6 Os sons da cidade, 40

7 O solo e a paisagem da cidade, 46

8 A saúde na cidade, 54

9 Os costumes na cidade, 60

10 Como melhorar o ambiente da cidade, 65

Bibliografia e Sugestões de leitura para o aluno, 72

Apresentação

ECOLOGIA É O NOME que se dá à ciência que estuda as relações existentes entre os seres vivos e o ambiente em que eles vivem. Você sabe, naturalmente, que cada espécie de animal ou vegetal tem o seu *ambiente* próprio, onde eles vivem bem: o camelo é encontrado nos desertos, e não nas regiões nevadas; o urso, ao contrário, jamais poderia viver no calor dos desertos.

Isso acontece porque os seres vivos estão adaptados a determinadas *condições de vida* encontradas somente nos seus ambientes específicos. Mas com a nossa espécie é diferente. Primeiro, porque conseguimos viver em quaisquer dos ambientes habitados pelas outras espécies; não dependemos apenas de adaptações inatas, hereditárias, pois somos capazes de nos ajustar usando recursos artificiais, como casas, roupas, instrumentos e materiais sintéticos. Segundo, porque podemos construir o conforto de nosso próprio ambiente: mais frio ou mais quente, mais seco ou mais úmido, com ou sem árvores, com chão de terra ou de cimento...

O exemplo mais característico do poder de adaptação do ser humano e da sua capacidade de construir ambientes é a cidade. Nela devem existir todas as condições necessárias para que possamos nos abrigar, nos alimentar e nos reproduzir. Geralmente, é na cidade que nos locomovemos, realizamos nosso trabalho, nossas atividades culturais, praticamos nosso esporte, nosso lazer. É na cidade que nascemos, nos desenvolvemos e morremos.

Entretanto, como em todos os outros ambientes, é preciso que exista um certo *equilíbrio* entre seus elementos. A não existência de equilíbrio nos ambientes naturais acarreta modificações de suas características, o que pode causar a destruição dos animais e dos vegetais que os habitam.

Na cidade, o desequilíbrio em suas características ambientais pode levar ao desconforto, à doença, à fome ou à morte das pessoas que nela vivem. Mas, ao contrário das matas ou de outros ambientes naturais, o equilíbrio na cidade é mantido artificialmente; nós mesmos devemos assegurá-lo, mediante uma importante providência, chamada *planejamento*.

A esse conjunto de fatores essenciais à vida, à saúde e ao bem-estar daqueles que vivem na cidade, isto é, às relações entre o ser humano e o ambiente urbano, é que denominamos "ecologia da cidade". Este livro é dedicado ao estudo do ambiente urbano e do seu equilíbrio.

A ESPÉCIE HUMANA SEMPRE se caracterizou por uma tendência gregária, isto é, pela formação de grupos, tribos, hordas, comunidades etc. Essa tendência fundamentou-se inicialmente na constituição de famílias, com estreita interdependência entre seus membros. Desde a mais remota Antiguidade, o homem constitui aldeias, sempre reunido em grupos, para maior facilidade de defesa ou *divisão de trabalho*. O tamanho desses grupos varia conforme as disponibilidades dos recursos ambientais.

O ser humano originou-se de espécies arborícolas, isto é, que viviam em grandes florestas e se refugiavam nas árvores, num período em que severas mudanças de clima em nosso planeta transformaram boa parte dessas florestas em áreas de vegetação de pequeno porte e baixa diversidade: as *savanas*. Grandes extensões da África e mesmo da Ásia tornaram-se cobertas por esse tipo de vegetação relativamente mais escassa, semelhante aos campos cerrados existentes no Brasil.

As savanas são constituídas de capim, arbustos e pequenas árvores retorcidas de casca espessa, e são muito menos produtivas que as florestas. Além de produzir pouco alimento, as savanas oferecem menor proteção.

Uma savana africana. Aqui se originou o homem.

Como consequência dessas transformações climáticas, poucos foram os animais arborícolas da floresta — principalmente os de grande porte, como os *antropoides* — que conseguiram sobreviver no novo ambiente.

As condições da savana foram favoráveis à seleção natural de diversas habilidades relacionadas ao intelecto (*inteligência*), no sentido de prover a improvisação, a criatividade, a capacidade de construir armas e abrigos e de conseguir alimento onde ele era escasso. Juntamente com os grandes antropoides, também sobreviveram na savana os carnívoros maiores, como os leões, ou os herbívoros, os quais se alimentam de folhas e cascas de árvores, como os antílopes, os rinocerontes e os elefantes, todos capazes de se defender pelo porte ou pela grande velocidade.

A inteligência, além de possibilitar ao homem o desenvolvimento de instrumentos de caça e de trabalho e da arte de cultivar o solo, permitiu-lhe perceber que seu maior recurso defensivo era manter-se agrupado em grandes hordas ou tribos, formando aldeias e fortificações. Se, por um lado, o trato da terra, o cultivo, ou a criação de ovelhas, cabras ou vacas exigiam sua dispersão em grandes áreas, por outro, a atividade comercial e cultural foi favorecida pela reunião em aglomerados urbanos, transformados aos poucos em cidades, que passaram a se desenvolver progressivamente.

POR QUE CONSTRUÍMOS CIDADES

São duas as principais possibilidades de modo de vida para o ser humano: ou ele mora no campo, dedicando-se à criação de gado e de outros animais e à agricultura, ou ele se dedica a uma atividade de trocas ou de intermediário na produção e aquisição de bens de consumo, isto é, à atividade comercial.

Essa atividade comercial, por sua vez, passa a exigir todo um conjunto de providências e de instalações, tais como: meios de transporte, armazéns e depósitos, lojas, lugares especializados em guardar bens de alto valor (dinheiro), como os bancos. O comércio implica, também, um gênero de conhecimento diferente da tradicional experiência do agricultor, ou seja, o conhecimento da *ciência econômica*, dos aspectos geográficos etc. Da reunião de todas essas atividades, e praticamente dissociado da natureza, surge um novo tipo de ambiente: a cidade.

A necessidade de comércio fez o homem construir cidades.

Na verdade, essa separação não é total ou absoluta, pois a cidade continua a depender do campo, como fonte de alimento e de matérias-primas. Trata-se, principalmente, de dois gêneros de vida bastante diversos, um voltado para a produção de matérias-primas e o outro, para o seu consumo — dois aspectos tradicionais na organização de qualquer ambiente natural. Dessa maneira, o campo e a cidade, associados, constituem o grande *ecossistema humano*, caracterizado, como todos os ecossistemas, por fluxos de matéria e energia entre um e outro.

A cidade, com sua complexa organização cultural e estrutural, gerou um estilo de vida mais voltado à preservação e ao desenvolvimento das atividades intelectuais do que às atividades físicas. Com isso, é estabelecida uma noção de conforto bem mais exigente do que encontramos no campo. No entanto, o maior grau de conforto e opções de vida acabou criando um sério problema para a sociedade moderna: o ambiente da cidade se tornou de tal forma atraente e sofisticado, com suas inúmeras possibilidades de lazer e aperfeiçoamento cultural, que as pessoas do campo já não desejam ficar na zona rural. Apesar das dificuldades de adaptação à cidade, com sua agressividade, falta de segurança e outros fatores a que não estão habituadas, essas pessoas tentam, mesmo assim, abandonar o ambiente rural. Dessa forma, tem diminuído consideravelmente o número de trabalhadores nas lavouras, enquanto as cidades ficam cada vez mais congestionadas.

2. A cidade: um meio ambiente peculiar

O AMBIENTE NATURAL E O AMBIENTE URBANO

Já ouvimos falar muito em *meio ambiente* como sendo o espaço que reúne as condições favoráveis à sustentação e ao desenvolvimento equilibrado de um grande número de seres vivos. Assim, temos o ambiente da floresta, o ambiente do deserto, o ambiente dos mares etc. Cada um deles se caracteriza pela existência de determinadas espécies vivendo na dependência umas das outras.

Esses ambientes se formaram espontaneamente, ao longo de milhões e milhões de anos, por processos naturais, como as savanas que descrevemos no capítulo anterior. Ninguém escolheu os seres que deveriam ser introduzidos nesses ambientes: eles foram sendo selecionados por adaptação às características locais, como clima, presença ou não de água (doce ou salgada) e disponibilidade de alimentos.

A cidade, pelo contrário, é um produto da presença e da atividade do homem, e surgiu para atender às suas conveniências, e não em consequência de alterações naturais do clima e do meio.

Construída justamente para abrigar e facilitar suas atividades essenciais, a cidade constitui o meio ambiente da sociedade ou, pelo menos, de uma parte da sociedade, que podemos chamar de *urbana*.

A grande diferença entre o ser humano e as outras espécies animais é justamente a de ele poder habitar tipos variados de ambiente. O leão vive somente nas savanas, e não no deserto ou na floresta: a savana, com todas as suas plantas e animais, constitui o *hábitat* do leão. O hábitat do urso-branco são as regiões frias do Círculo Polar Ártico; o do hipopótamo, os rios tropicais da África.

Mas o ser humano não tem um hábitat terrestre específico: ele vive na savana, como inúmeras tribos africanas; ou na floresta, como os índios da Amazônia; ou no Ártico, como os esquimós da Groenlândia; ou no deserto, como os beduínos árabes. Seu meio ambiente tanto podem ser as imensas pradarias gaúchas quanto as grandes cidades, como Nova York ou São Paulo.

Onde vive, o homem modifica o ambiente, adaptando-o às suas necessidades ou ao seu gosto e tornando-se, então, silvícola, nômade, pantaneiro, camponês, urbano…

Diferentes espécies animais vivem nos mais variados hábitats.

O homem é uma espécie animal capaz de viver em quase todos os ambientes da Terra.

UM ECOSSISTEMA INCOMPLETO

A cidade, entretanto, não constitui um *ecossistema* verdadeiro.

Os ecossistemas são ambientes naturais que se caracterizam pela auto-organização, isto é, mantêm-se em equilíbrio dinâmico organizando-se interna e naturalmente. Uma floresta, por exemplo, é formada de vegetais, produtores de alimento, em quantidade suficiente para a alimentação de todos os seres — animais ou vegetais — que a habitam. Até um simples aquário pode constituir um ecossistema completo se contiver algas microscópicas, que realizam fotossíntese, multiplicam-se e servem de alimento para os pequenos animais. Esses pequenos animais, por sua vez, constituem o alimento dos peixes. Essas mesmas algas produzem o oxigênio necessário à respiração e consomem o gás carbônico dela resultante, e os peixes eliminam materiais, na forma de excrementos e outros produtos, que servem como *nutrientes* ou fertilizantes, estimulando o crescimento das algas.

Há, assim, uma *reciclagem*, uma troca constante de materiais dentro do próprio ecossistema. Por isso dizemos que ele é auto-organizado. Mas na cidade não é assim. Ela não é auto-organizada. Necessita de uma porção de matérias-primas que vêm de fora, e gera uma série de subprodutos que precisam ser eliminados, sob pena de causar a *poluição* de todo o sistema, por não serem naturalmente reciclados como nos ecossistemas verdadeiros. E a poluição constitui apenas um dos inúmeros problemas de uma cidade, uma vez que ela é um sistema inventado pelo ser humano, e não um ecossistema natural equilibrado.

UM CENTRO DE CONSUMO

A cidade é, atualmente, um centro de consumo de matérias-primas, de alimentos, de energia. Os materiais e a energia provêm de fora da cidade: são os minérios, retirados de minas ou jazidas situadas, às vezes, em locais muito distantes; os combustíveis, trazidos de outros estados ou até de outros países; os cereais, a carne e outros alimentos, vindos das regiões rurais; as madeiras, as fibras e outros materiais de construção, provenientes de florestas longínquas; a energia elétrica, procedente de usinas e barragens localizadas, quase sempre, a grande distância das cidades.

Todos esses elementos são consumidos, transformados ou processados na cidade e desse consumo resulta uma grande variedade de resíduos e mesmo um excesso de energia que são eliminados no ambiente, alterando sua qualidade. Assim, dos alimentos consumidos pela população resulta a formação de lixo e esgotos que poluem os solos e os rios. Da transformação de combustíveis e matérias-primas nas fábricas resultam gases, fumaças e resíduos tóxicos — sólidos e líquidos — que também contaminam o ambiente. Todo uso que é feito da energia resulta em produção de calor, de modo que, do próprio uso de energia nas casas, nos veículos e nas indústrias resulta um *resíduo energético*, na forma de excesso de calor, responsável pela elevação da temperatura ambiente nas cidades. Por outro lado, parte da radiação solar que recai sobre uma região coberta por vegetação é absorvida no processo de fotossíntese. Como nas cidades boa parte da vegetação tem necessariamente que ser removida, a radiação incidente é quase toda transformada em calor, aquecendo localmente o ambiente. Esses

A cidade está continuamente recebendo matérias-primas e alimentos…

… e transformando-os em energia e resíduos que se acumulam no solo, nas águas e no ar.

fenômenos associados formam aquilo que os especialistas costumam chamar de *ilhas de calor.*

A consequência de tudo isso é a alteração do clima das cidades, bem como da qualidade do ar, da água, do solo, da paisagem e da própria vida. A cidade torna-se um *concentrador* de energia, de ruídos, de materiais poluentes, que afugentam a vida animal e vegetal equilibradas e favorecem, em contrapartida, a proliferação de seres nocivos, como roedores e insetos, responsáveis pela propagação de epidemias.

A BUSCA DE EQUILÍBRIO NO AMBIENTE URBANO

O mundo anda muito preocupado — com toda a razão — com a destruição progressiva dos ecossistemas naturais, as queimadas e desmatamentos da Amazônia, os desequilíbrios ecológicos no Pantanal, a poluição dos mares pelo petróleo, a degradação dos territórios indígenas… Mas também é preciso lembrar: e as nossas cidades?

Primeiro temos que identificar qual é o problema real que afeta o ambiente urbano.

Sabemos que nos ecossistemas existe um equilíbrio natural entre as espécies, estabelecido no decorrer de milhares ou milhões de anos e cuja destruição ou simples desorganização gera enormes problemas. Se, porém, a cidade não é um verdadeiro ecossistema, os seus problemas não deveriam ser diferentes? Se foi criada pelo ser humano — e não por processos naturais —, existirá também na cidade um equilíbrio ideal que pode ser ou está sendo destruído? Em que medida serão importantes, também na cidade, as relações entre diferentes espécies, entre vegetais e animais? Ou existem outras relações ambientais específicas do ambiente urbano?

3. A cidade e o clima

MUDANÇAS CLIMÁTICAS

Com certeza você já ouviu as pessoas mais velhas dizerem:

— Como o clima desta cidade mudou nos últimos anos!

Ou então:

— Este ano está fazendo muito mais calor do que nos anos passados! Tudo está mudado: faz menos calor no litoral, que é lugar baixo, do que na cidade de São Paulo, por exemplo, que está no alto! Até a famosa e leve garoa paulistana já se aposentou há anos...

E é verdade. O clima das cidades tende a mudar radicalmente com o passar dos anos. Principalmente o das grandes cidades.

Esse não é um fenômeno recente. O clima de uma cidade se altera desde que ela começa a ser implantada. Mas as mudanças climáticas se aceleraram muito com a evolução dos costumes nas últimas décadas.

O primeiro fator de modificação do clima é o desmatamento. O homem, para construir as cidades, derruba quase todos os bosques e as matas que encontra. Frequentemente, muito mais do que o necessário!

Quem já reparou na instalação de um novo loteamento? A primeira coisa que se faz é colocar tratores e máquinas "limpando o terreno": não deixam uma palha... Muitos loteamentos no Nordeste, à beira da praia, se iniciam pela derrubada de coqueiros, e lá se vai toda a beleza da paisagem!

Muitas pessoas da cidade detestam árvores no quintal ou mesmo na calçada porque, segundo dizem, as folhas e as flores que caem "sujam o chão", as raízes quebram o cimento e entopem canos de esgotos, os galhos batem nos fios elétricos.

O homem "prático", da cidade, é "inimigo" das árvores. Ao preparar seus loteamentos, primeiro destrói a vegetação.

O PAPEL DA VEGETAÇÃO NA MANUTENÇÃO DO CLIMA

Na verdade as árvores são importantíssimas para a manutenção do equilíbrio climático. Primeiro, porque fazem sombra. Mas não é só a sombra que refresca o ambiente.

A cor verde das folhas das árvores absorve, isto é, retira do ambiente uma enorme quantidade de radiações quentes produzidas pelo Sol. A clorofila desempenha, assim, uma função de filtro: recolhe as luzes de cor avermelhada, que são quentes, e deixa as de cor esverdeada, que são mais frias.

As plantas também são verdadeiras bombas de sucção, a extrair continuamente água do solo para devolvê-la ao ar. Essa devolução é feita por *transpiração* através das folhas, que é um processo de *evaporação*. Ora, em toda evaporação há consumo de calor e, portanto, resfriamento do ambiente. A nossa própria transpiração (ou evaporação através da pele) tem essa função. A água contida no pote de barro é mais fresca por causa da evaporação através da porosidade de suas paredes.

Por todas essas razões, a abundância de árvores, arbustos e mesmo gramados pode refrescar muito um bairro, uma rua ou uma cidade.

A cidade de Belém, capital do Pará, tem como uma de suas mais belas características grande número de mangueiras gigantescas em suas ruas e avenidas. Muitas vezes, mangas ou mesmo galhos caem e amassam um pouco o teto dos automóveis. Mas os paraenses, orgulhosos de suas belas árvores, preferem conviver com esses pequenos acidentes porque, graças a elas, o calor nunca é tão sufocante como em outras cidades localizadas na linha do Equador!

A VEGETAÇÃO E A METEOROLOGIA URBANA

A presença das árvores tem, ainda, outros efeitos benéficos sobre o clima. A própria transpiração, de que já falamos, transportando continuamente água do solo para o ar, mantém a umidade atmosférica. Mantida a umidade atmosférica, não ocorre a secura extrema do ar. Pelo contrário, formam-se neblinas e garoas quando a temperatura abaixa. Além de molhar as plantas, constituem característica muito peculiar de algumas cidades.

A existência de vegetação também altera o regime de ventos: torna-os brandos, mais frescos e menos carregados de poeira…

E se você pensa que acaba aqui a lista dos benefícios que as plantas trazem para o clima, está muito enganado. Um dos problemas ecológicos mais graves que o mundo vem enfrentando é o da elevação global da temperatura da Terra, causada pelo excesso de gás carbônico na atmosfera. Esse fenômeno recebe o nome de *aquecimento global*.

O gás carbônico é produzido por todo tipo de combustão, como a queima de combustíveis nas fábricas, nos automóveis ou nas grandes queimadas. São, assim,

Os parques arborizados, além de enfeitar a cidade, contribuem para amenizar o clima e refrescar o ambiente.

as chaminés e os gases expelidos pelo escapamento dos carros, principalmente nos dias de congestionamento, que provocam esse aquecimento excessivo do ar.

Pois bem. As plantas verdes, para realizar seu processo de *fotossíntese* — produção de alimento com auxílio da luz —, consomem gás carbônico em abundância! Em troca, devolvem ao ar significativas quantidades de oxigênio.

Na verdade, uma vegetação rica e exuberante é a única maneira de que dispõe a natureza para reduzir os efeitos do aquecimento global, que vem aumentando ultimamente em todo o mundo. Sobre esse assunto falaremos mais detalhadamente no capítulo 5.

Agora você já pode entender como é importante, para uma cidade, a manutenção de jardins, ruas arborizadas, grandes parques e áreas verdes. Também pode perceber, mais claramente, como o desmatamento interfere de forma drástica no clima e, em consequência, no bem-estar das pessoas que vivem nas cidades.

ILHAS DE CALOR

Mas não é só o calor do Sol e a sua retenção pela camada de gás carbônico que aquecem uma cidade. Além do aquecimento proveniente do Sol há, também, *produção de calor* pela própria cidade.

Essa produção se dá praticamente de duas formas. Parte da radiação do Sol que chega ao solo é convertida em calor. Nas grandes cidades formadas por grandes espaços pavimentados, com construções de concreto e pouca vegetação, esse efeito é muito mais intenso que em espaços rurais com vegetação mais preservada. Além disso, as diversas atividades que ocorrem na cidade também são fonte de calor.

A cidade é um grande centro consumidor de energia. Toda vez que usamos energia, há uma sobra de calor. Quase podemos dizer que o calor é uma forma de *lixo energético*, um subproduto do uso de energia, assim como o lixo urbano é subproduto do uso de materiais de construção, matérias-primas industriais e alimentos. Só que, sob um aspecto, o calor é ainda pior, pois precisa ser dissipado no ambiente; não pode ser *reciclado*, como muitos dos componentes do lixo urbano. Calor dissipado é calor espalhado pelo ambiente!

Você certamente já percebeu que o automóvel só funciona bem quando seu motor *está quente*, isto é, irradiando calor para a atmosfera. Cada veículo que circula na cidade está produzindo calor e aquecendo o ar da cidade. Os ônibus e caminhões a óleo *diesel* mais ainda do que os automóveis, pois funcionam a uma temperatura muito mais elevada.

Nos ambientes domésticos, os fogões, o forno, as lâmpadas de iluminação, o ferro elétrico, o sistema de aquecimento central, a lareira... tudo produz calor quase continuamente. Até os sistemas de refrigeração, como geladeira, o *freezer*, o aparelho de ar-condicionado, esfriam de um lado e aquecem de outro.

Já imaginou, então, a quantidade de calor desprendida pelas indústrias, pelas caldeiras das fábricas, por todos os usos que fazem da energia elétrica?! E os gigantescos altos-fornos das siderúrgicas e outros sistemas utilizados para fundir metais? Tudo produz calor, até a emissão de sons e outros tipos de vibrações que cruzam a cidade em todas as direções.

O calor pode ser detectado e mesmo "fotografado" à distância por meio de filmes especiais. Imagens obtidas por satélites com sensores que registram a radiação *infravermelha* mostram a diferença entre um rio mais quente (geralmente poluído) e um rio mais frio. Isso porque qualquer objeto quente emite *radiações infravermelhas*.

O excesso de veículos motorizados e máquinas industriais que se concentram na cidade contribuem para o acúmulo de energia. A grande produção de energia transforma a cidade em uma ilha de calor.

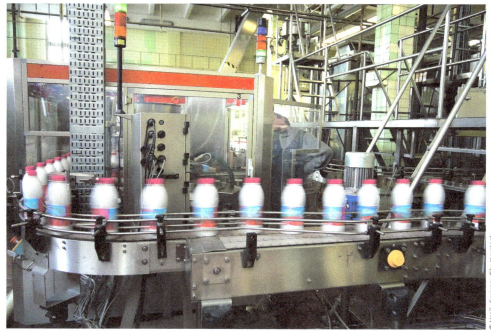

Esse princípio é usado também na medicina: a foto infravermelha do corpo humano pode revelar a presença de tumores internos, pois a temperatura desses tumores é ligeiramente mais alta que a do resto do corpo.

Se for tirada uma foto infravermelha de uma parte da superfície da Terra, por meio de satélite ou mesmo de avião a elevada altitude, as cidades aparecerão como "ilhas" iluminadas num fundo mais escuro: são as *ilhas de calor*. Isso acontece por causa da significativa diferença de temperatura registrada entre a cidade e os seus arredores, principalmente se nesses arredores ainda existir muita vegetação — florestas ou mesmo plantações agrícolas.

Como vimos, as pessoas mais velhas têm razão ao dizer que a cidade está mais quente que antigamente!

Ao longo do tempo, a temperatura média da Terra vem aumentando lentamente, devido à destruição progressiva das florestas. E, agora, no decorrer dos últimos anos, esse aumento tem se acelerado, com o crescente uso de energia nas casas, nos veículos, nas indústrias!

4. A cidade e as águas

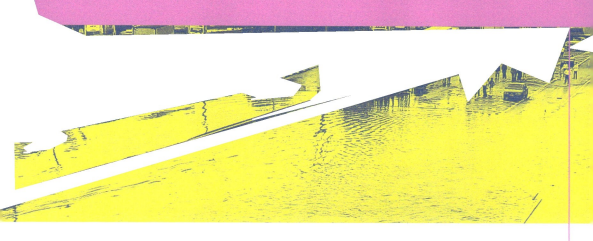

OS RIOS

Desde a mais remota Antiguidade, o ser humano constrói suas cidades à margem dos rios. Algumas das civilizações mais antigas de que se tem conhecimento, como a Assíria e a Babilônia, existiram numa região chamada *Mesopotâmia*, que significa "entre dois rios", porque estava situada entre os rios Tigre e Eufrates.

O antigo Egito tinha sua capital e suas principais cidades à margem do rio Nilo; Roma, capital do grande Império Romano no passado, hoje da Itália, localiza-se às margens do rio Tibre; Paris, às margens do Sena; Londres, às margens do Tâmisa... São Paulo, às margens do Tietê; Recife, no encontro do Beberibe e do Capibaribe; Belém, às margens do Amazonas, o maior rio do mundo!

A água sempre foi muito importante, quer para abastecimento da cidade, quer para irrigação de plantações, quer ainda como fonte de alimentos ou local para despejo final de detritos. E pode ser, ainda, um importante meio de transporte para mercadorias e passageiros.

Há, porém, mais uma razão tão importante quanto as outras para as pessoas quererem viver próximo aos rios: é que eles são muito bonitos, constituindo um importante elemento paisagístico. Não é à toa que você encontra nas galerias

Rio Sena. O rio pode ser um elemento importante para o embelezamento da cidade.

e museus de arte tantos quadros famosos retratando rios, grandes ou pequenos, com suas pontes, suas embarcações e suas margens arborizadas!

Em muitas cidades de todo o mundo a importância ornamental do rio é muito valorizada, por isso ele é tratado, suas margens são bem cuidadas e cercadas de vegetação *ciliar*, isto é, típica de barrancos e beira de rios.

Mas... nem sempre as águas da cidade são vistas desse modo ou cuidadas com o carinho que merecem.

Todos nós temos visto, em nossas cidades, rios poluídos, com as margens desbarrancadas, transformados em depósitos de lixo, com as águas recebendo toda sorte de esgotos e resíduos líquidos.

Rios e córregos são transformados em *canais* cimentados correndo em linha reta entre ruas asfaltadas, sem árvores, sem peixes, sem graça. Mas há, ainda, aqueles que nós nem vemos mais, porque se encontram encobertos, totalmente canalizados em galerias subterrâneas. Assim, um dos elementos paisagísticos mais preciosos, de grande efeito ornamental e de contato com a natureza, é totalmente perdido, abandonado, desprezado e até escondido.

Parece que o homem urbano tem vergonha da natureza — vergonha das árvores, vergonha dos rios.

Por que o ser humano esconde ou destrói as belezas naturais da cidade?

Rio Tietê. O rio pode oferecer também um importante meio de transporte de cargas pesadas.

O ser humano que constrói cidades é um ser "prático". Ele mal percebe o canto dos pássaros, o farfalhar das folhas ao vento, ou o marulhar suave das águas nos regatos. Há muito que ele abandonou o contato com a natureza. Acha que não depende mais dela, não tem mais de suportar seu desconforto, seus insetos, sua insegurança, suas intempéries. Acaba se habituando aos ruídos das máquinas, às altas velocidades em largas avenidas, ao gigantismo dos arranha-céus, à segurança do cimento armado, ao conforto do ar-condicionado, à beleza das imagens da televisão. Tudo isso faz parte de sua rotina.

Belo é apenas aquilo que ele faz, que ele dirige, que ele comanda e utiliza.

Há várias razões práticas para se canalizar ou esconder rios. A primeira é que eles "atrapalham" o traçado da cidade: os rios correm dentro de vales, e os vales são lugares ideais para se construírem avenidas, mais ou menos planas e de alta velocidade de deslocamento. Então, é preciso tirar o rio dali, para colocar, em seu lugar, a faixa de asfalto!

Os rios constituem também "veículo" ideal para os esgotos, o lixo, os resíduos industriais e a água de lavagem das ruas. Evidentemente, toda essa imundície torna o rio malcheiroso, com aspecto feio, local de proliferação de insetos e ratos, transmissores de doenças.

No lugar desta avenida havia antes um belo rio — o Anhangabaú; hoje ele se encontra completamente escondido.

É preciso também alargar o rio, eliminando suas curvas e meandros naturais, a fim de que suas águas tenham escoamento mais rápido. Isso porque, "inexplicavelmente", à medida que a cidade cresce, ele vai provocando enchentes cada vez maiores, que inundam ruas e casas, congestionam o trânsito e acarretam outros inconvenientes insuportáveis!

É claro que todas essas razões são absurdas, inventadas para atender ao comodismo de quem realmente não sabe planejar sem colocar as necessidades práticas em oposição às condições e características naturais. É como cuspir para cima desconhecendo ou negando a lei natural da gravitação universal... A natureza não aceita a imposição e se rebela.

A REVOLTA DO RIO

O grande filósofo e cientista inglês Francis Bacon, já no século XVI, dizia que para se dominar a natureza é preciso, primeiro, obedecê-la. Ninguém tem ligado muito para essa frase e, no entanto, ela reflete toda a causa dos nossos problemas ambientais.

A construção de edifícios, a pavimentação — especialmente o asfalto — de ruas e avenidas, o cimentado das praças e a remoção da vegetação constituem a principal causa do transbordamento dos rios e das consequentes inundações. E é muito fácil perceber por quê.

As águas que caem, na forma de chuvas, sobre uma determinada área de solo seguem três destinos diferentes: parte delas evapora-se de novo para o ar; outra parte escorre, na forma de enxurradas, para o rio mais próximo; a terceira parte infiltra-se no solo. Dessa parte infiltrada, que encharca o solo como se ele fosse uma esponja, uma porção penetra nas raízes das plantas, sendo evaporada também para a atmosfera através da transpiração das folhas, e a outra porção, que constitui o lençol freático, vai sendo lentamente cedida aos rios, alimentando-os.

Mas essa parte que se *infiltra* no solo depende, de maneira decisiva, do grau de *permeabilidade* do próprio solo. A permeabilidade do solo pode ser alta

Frequentemente, os rios costumam se rebelar por conta dos maus-tratos que recebem das cidades. É o caso do rio Tietê, em São Paulo, com suas enchentes periódicas.

quando grandes áreas da cidade são formadas de gramados, parques ou espaços verdes; ou pode ser reduzida a zero, se a cidade for toda construída, asfaltada, impermeabilizada. Nesse caso, as águas que iriam infiltrar-se, encharcando o terreno ou penetrando nas plantas, vão escorrer imediatamente para o rio, enchendo-o até o transbordamento.

O solo natural, permeável, comporta-se como *atenuante* de enchentes. A água que depois de infiltrada é cedida aos rios escoa para eles lenta e gradativamente, sem elevar muito o seu nível.

Quando o solo possui cobertura vegetal, a água absorvida pelas raízes vai para a atmosfera, e não para os rios. Já o solo nu, sem vegetação, embora mais permeável que o asfalto, infiltra bem menos que o gramado ou bosque e, nesse caso, a água que escorre em forma de enxurrada ainda produz um dano adicional ao rio: ao provocar a erosão ou o desgaste do solo, carrega terra para dentro do rio, causando o *assoreamento*, ou seja, o entupimento de seu leito.

Nessas condições, ao receber um volume de água muito superior ao que pode suportar e ainda obstruído pelo assoreamento, o rio tem uma reação natural: enche e transborda, provocando a inundação da cidade. E, se o rio for poluído, a reação é ainda mais severa, pois a inundação provoca epidemias e devolve a imundície às casas.

Uma das soluções para se enfrentar o problema das inundações nas cidades consiste na construção de grandes reservatórios de água, os quais recebem parte das águas de chuvas, armazenando-a durante algum tempo. Depois, vai deixando-a escoar para o rio lentamente. Esses reservatórios podem ser lagoas, como as que foram construídas em parques da cidade de Curitiba, ou podem ser "piscinões", ao ar livre ou subterrâneos, como têm sido construídos em São Paulo. Curiosamente, um dos mais antigos piscinões do mundo foi feito no século XIX sob o edifício da famosa Ópera de Paris, para drenar uma região pantanosa da cidade, e vem funcionando muito bem até hoje!

Mas, acima de tudo, é muito importante a formação de parques dentro da cidade, com muitas árvores e arbustos para garantir o máximo de infiltração das águas no solo.

A solução dos "piscinões", para drenar águas de chuvas, não é novidade: já foi adotada no subsolo da Ópera de Paris, no século XIX.

5. O ar da cidade

A QUALIDADE DO AR QUE RESPIRAMOS

Nós podemos ficar muitos dias sem comer, várias horas sem beber, mas apenas alguns minutos sem respirar. E do mesmo modo como o alimento e a bebida, o ar que respiramos também deve caracterizar-se por um *padrão de qualidade* compatível com a função respiratória e com a saúde.

Além das características que satisfaçam às nossas necessidades orgânicas, o ar deve obedecer igualmente a certos requisitos *estéticos*, como não sujar o ambiente, não impedir a visibilidade, não dar à cidade um aspecto feio, enfumaçado.

A preocupação com a fumaça expelida pelas chaminés é muito antiga. Na Inglaterra do século XVII já havia leis que puniam até com a pena de morte os proprietários de casas ou estabelecimentos que produzissem grande quantidade de fumaça.

De fato, foi na Inglaterra que surgiram as primeiras medidas com relação à poluição do ar. Sendo um país frio, onde os sistemas de aquecimento das casas com estufas e lareiras são necessários, e uma região rica em jazidas de carvão, usado nas lareiras e fornos industriais, o problema das fumaças, particularmente no inverno, sempre foi muito grave.

Na verdade, as matérias poluidoras emitidas pelas chaminés, assim como pelo escapamento de motores ou ainda por queimadas de matas ou canaviais, podem ser de naturezas distintas: as matérias *gasosas* e as matérias *particuladas*. Além de diversos gases que se originam da combustão, como o gás carbônico, o monóxido de carbono e os gases de nitrogênio, todos "invisíveis", existe o que chamamos "fumaça" visível, formada de inúmeras *partículas* ou corpúsculos sólidos, de dimensões muito pequenas, até microscópicas, como é o caso da fuligem. Podem existir ainda *gotículas* líquidas, como no caso do vapor de água que se condensa ao sair de uma caldeira, ou mesmo de uma chaleira ao fogo.

As matérias gasosas podem ser muito tóxicas, como o *monóxido de carbono*, um gás muito venenoso, porque toma o lugar do oxigênio no nosso sangue. Ou podem ser pouco tóxicas, como o gás carbônico. As matérias particuladas ou em forma de gotículas em geral provocam mais efeito *visual* do que tóxico, como a fuligem formada por partículas de carbono ou as gotículas de água. Entretanto,

Há muito tempo a fumaça das chaminés vem incomodando os habitantes das cidades, o que gera a necessidade de leis contra a poluição.

podem provocar irritação das vias respiratórias, a exemplo de qualquer poeira, ou ser tóxicas, como no caso das poeiras de flúor que se desprendem de algumas indústrias de fertilizantes.

O importante a ser ressaltado é que a *toxicidade* não tem uma relação obrigatória com a aparência visual ou estética. Assim, o gás que se desprende de um automóvel a gasolina, embora invisível, pode ser muito mais prejudicial que a fumaça escura e espessa desprendida por um caminhão a óleo *diesel*. Enquanto a fumaça do caminhão é constituída basicamente de fuligem, a do automóvel exala monóxido de carbono.

A POLUIÇÃO PODE SER ROMÂNTICA?

O aumento de matérias particuladas na atmosfera pode ser resultado de fenômenos naturais. Os ventos muito fortes nos desertos da África ou da Ásia, por exemplo, costumam levantar poeiras a altitudes tão elevadas que vão se depositar, às vezes, a milhares de quilômetros, em pleno mar.

Fuligens e poeira na atmosfera podem ter seu lado romântico, constituindo a causa de belos crepúsculos.

Nas regiões vulcânicas, durante as erupções, o lançamento de fuligem a grandes altitudes forma camadas de partículas de carbono que se precipitam lentamente sobre o solo, produzindo efeitos visuais que também podem ser vistos a muitos quilômetros de distância. Um desses efeitos, de agradável resultado estético, proporciona belos espetáculos de pôr do sol. São crepúsculos avermelhados, em que o céu, ao entardecer, adquire o aspecto de um verdadeiro incêndio de proporções gigantescas.

Até a poluição tem seu lado romântico! Pena que um espetáculo tão bonito seja consequência de fenômenos nocivos, como a aridez dos desertos, as explosões catastróficas de vulcões ou a poluição crescente e alarmante produzida por nossas cidades.

COMO SE PRODUZ O EFEITO ESTUFA

O gás carbônico não é um gás venenoso como o monóxido de carbono. É claro que nenhuma pessoa ou animal poderia viver em um ambiente formado só desse gás, pois o oxigênio, outro componente do ar atmosférico, é indispensável à nossa respiração. Mas o gás carbônico em excesso, mesmo sem ser prejudicial à respiração, pode tornar-se nocivo à Terra como um todo.

Pela capacidade que possui de reter calor na atmosfera, o gás carbônico faz com que esta funcione como uma estufa em torno do nosso planeta. Isso também acontece com outros planetas do Sistema Solar, como *Vênus*, onde as temperaturas normais giram em torno dos 400 graus Celsius!

Não sei se você já observou em alguma casa, jardim botânico ou parque público *estufas* construídas de vidro: paredes, telhado, tudo de vidro! Essas estufas são feitas principalmente em regiões frias, para manter as plantas aquecidas durante o inverno. Só que o aquecimento, dentro delas, não é feito com auxílio de nenhum aquecedor elétrico ou a carvão. Ele se deve simplesmente a uma propriedade que o vidro tem de deixar entrar as radiações solares e não deixar sair as radiações quentes, provenientes do próprio Sol. Em outras palavras, o vidro é transparente, mas ao mesmo tempo é *isolante térmico*.

Misturado ao ar, o gás carbônico tem essa mesma propriedade do vidro. Aliás, é exatamente esse efeito o responsável pela manutenção da temperatura do globo terrestre adequada à existência da vida. Se não fosse esse efeito, a temperatura na Terra seria muito mais alta durante o dia, pois a radiação quente do Sol atravessaria muito mais facilmente a atmosfera; e seria extremamente baixa à noite, já que boa parte do calor acumulado na superfície voltaria para o espaço. Mas, se a atmosfera for muito rica desse gás, as radiações caloríficas que entram no planeta não saem mais, aquecendo-o continuamente!

Mas, nesse caso, não são apenas as cidades que vão esquentar, mas o mundo todo. E as consequências são desastrosas, sobretudo para os centros urbanos, pois um dos resultados mais graves do efeito estufa é a elevação do nível dos mares, por causa do derretimento das geleiras que cobrem grande parte dos continentes. Essa elevação, por menor que seja, dificulta a saída dos rios, constituindo mais uma causa de enchentes e inundações, além daquelas que já vimos.

EFEITOS TÓXICOS E IRRITAÇÕES

As substâncias tóxicas contidas nos gases e fumaças que poluem as cidades não agem apenas sobre a saúde das pessoas e dos animais que as habitam, mas também sobre as plantas. Algumas dessas substâncias provocam *clorose*, uma espécie de doença dos vegetais que torna suas folhas amareladas. Outras causam *necrose* ou morte dos tecidos das plantas, e as folhas passam a apresentar manchas escuras como se fossem queimaduras.

Esses efeitos podem ser tão severos a ponto de provocar a morte dos vegetais ou, às vezes, até de grandes áreas de florestas, de acordo com a direção dos ventos predominantes que arrastam os poluentes.

Na Serra do Mar, no estado de São Paulo, grandes áreas de matas foram destruídas por gases e matérias particuladas tóxicas provenientes das indústrias localizadas na cidade de Cubatão. A morte da vegetação, por sua vez, provocou o deslizamento do solo em várias partes da serra, o que resultou em avalanches que soterraram vales e rios, causando inundações e outros problemas gravíssimos.

Mas há efeitos ainda desconhecidos, oriundos da queda contínua, sobre os solos, de substâncias químicas arrastadas pelas chuvas. Sabe-se que, em muitos locais, a chuva que cai das nuvens ou a neblina que envolve a cidade contêm,

Às vezes, a poluição do ar pode causar grandes desastres. Um deles foi o desabamento de porções da Serra do Mar, próximo à cidade industrial de Cubatão, deixando cicatrizes no ambiente local.

em suas gotículas, substâncias tóxicas em solução, provenientes de emanações industriais ou do próprio escapamento dos veículos urbanos.

O efeito mais comum dos poluentes atmosféricos sobre a saúde é a irritação das mucosas e de outros tecidos sensíveis do corpo.

Está comprovado em inúmeras cidades que, quanto maior a poluição, maior é o índice de doenças respiratórias, como a bronquite, e de irritação dos olhos.

Esses efeitos podem ser produzidos tanto por matérias particuladas como por algumas substâncias gasosas, como os aldeídos contidos, por exemplo, nas emissões do escapamento de carros movidos a álcool.

Quem já viu, alguma vez, um fogão a lenha em funcionamento provavelmente já sentiu o ardor nos olhos provocado pela fumaça, principalmente quando se usa lenha nova, não muito seca. A causa desse ardor são os *aldeídos*, principalmente o *aldeído fórmico* gerado no processo de queima da madeira.

Também nas grandes cidades a irritação nos olhos tem essa mesma causa: os aldeídos são produzidos não só na queima de lenha como também do álcool e de outros combustíveis.

OS CHEIROS DESAGRADÁVEIS DA GRANDE CIDADE

A poluição pode provocar uma grande variedade de odores, mais ou menos desagradáveis, conforme a natureza, a intensidade e a frequência com que são produzidos. Um odor estranho, mesmo que não seja muito desagradável, pode tornar-se enjoativo quando muito forte ou quando sua presença é muito constante.

O cheiro doce produzido por uma grande fábrica de chocolates pode ser até agradável para quem o sente raramente. Já para as pessoas que moram do lado da fábrica e que são obrigadas a senti-lo noite e dia, todos os dias do ano, pode tornar-se um suplício. O mesmo acontece com os odores desprendidos por uma churrascaria ou até por uma indústria de perfumes.

Na cidade estamos sujeitos a sentir toda sorte de odores a cada instante. Não só os cheiros de alimentos ou perfumarias, mas, muito piores, os cheiros da decomposição ou das indústrias químicas.

A putrefação — todos nós sabemos — produz algumas substâncias de cheiro fortemente repugnante, como o *gás sulfídrico* (que dá o mesmo cheiro aos ovos podres) ou as *mercaptanas*, que cheiram a gambá ou a cebolas estragadas. Esses dois compostos químicos, entretanto, podem desprender-se também de alguns processos industriais, como na fabricação da celulose com que se faz o papel.

Assim, tanto os depósitos de lixo quanto os rios poluídos por esgotos, bem como inúmeros tipos de indústria, contribuem para a poluição do ar, com seus produtos característicos e respectivos odores, tão diferentes dos que sentimos desprender-se da terra, das folhagens ou das flores nos ambientes naturais...

6. Os sons da cidade

CADA SOM TEM O SEU SIGNIFICADO

Uma das coisas que distinguem a cidade dos outros ambientes — campos, florestas, desertos ou mares — é a grande variedade de sons, das mais diferentes tonalidades e intensidades, que ouvimos constantemente.

Numa floresta — que é o lugar da natureza onde os sons são mais variados — podemos ouvir uma infinidade de tipos de gorjeio de pássaros, diversos ruídos de insetos, sem falar na variedade de "vozes" de animais em geral. Num dia de tempestade, pode ocorrer o estrondo apavorante de trovões, devido às grandes descargas elétricas dos raios. Mas todos esses sons são mais ou menos previstos, isto é, representam, em conjunto, um padrão típico daquele ambiente.

Na cidade não é assim. Há um ruído contínuo, como que uma zoeira indefinida, formada por milhões de sons diferentes. Essa zoeira é chamada, pelos técnicos, de *ruído de fundo*, e as pessoas que habitam uma cidade há muitos anos ou que nela nasceram já estão tão habituadas que nem sequer a escutam. Por isso, quando viajamos nos fins de semana para a praia ou para um sítio no interior, temos a sensação de que ficamos surdos: "apagou-se" o ruído de fundo...

Difícil mesmo é se acostumar com o barulho irritante das motocicletas com escapamento "aberto", sem silenciadores, dos alto-falantes das propagandas de rua, das músicas com muitos aparelhos eletrônicos ou de percussão, das sirenes de ambulâncias, carros de bombeiro e de polícia, das buzinas impacientes dos automóveis...

Esses sons, que se elevam muito acima do nível do ruído de fundo, são altamente nocivos, causando surdez progressiva. Só que esta não é aparente: é bem real, resultante de lesões no aparelho auditivo, provocadas pelos sons muito altos. E o pior é que essas lesões não são reversíveis. Ficam para toda a vida.

Podemos dizer, então, que as pessoas que habitam permanentemente a cidade são praticamente surdas. Principalmente se forem comparadas às pessoas do campo, ou às que vivem nas matas ou no litoral. As pessoas que moram no campo ou em outras regiões menos habitadas possuem uma *acuidade auditiva* que lhes permite escutar e distinguir pequenos ruídos a grandes distâncias, o que é muito importante para sua proteção e defesa.

O som, assim como o calor, a luz ou a eletricidade, é uma forma de energia. Ele produz efeitos mecânicos, físicos, sobre o *tímpano* de nossos ouvidos (que é uma membrana esticada como o couro de um tambor), propagando-se por meio

A grande variedade de ruídos, às vezes ensurdecedores, é uma das características da cidade.

dos *ossículos* (*martelo, bigorna* e *estribo*), que vibram e transmitem as vibrações a um conjunto de células especiais (*células da cóclea*), muito sensíveis, que por sua vez as transmitem ao *nervo auditivo*.

A vibração muito intensa dos ossículos produz fadiga das células da cóclea. Se o ruído for forte, mas não contínuo, haverá períodos de descanso, em que as células poderão recuperar-se. Porém, sem descanso, as células vão sendo destruídas progressiva e irreversivelmente. Por isso, o ruído contínuo é muito mais nocivo que o intermitente. A não ser, é lógico, quando o ruído intermitente ou até isolado é extremamente intenso, como o de uma explosão a pequena distância.

Em geral, os sons mais agudos produzem mais fadiga das células cocleares do que os sons graves. Dessa forma, pessoas que vivem ou trabalham em ambientes onde permanentemente são produzidos sons muito agudos, como os de serra cortando metal, por exemplo, podem ficar surdas mais rapidamente.

Os que estão sujeitos a esse tipo de dano demoram a perceber que estão ficando surdos. Primeiro deixam de perceber os sons mais agudos e, só mais tarde, quando seu nível auditivo já está sensivelmente reduzido e começam a não ouvir bem a fala, vão se dar conta do problema.

Esses efeitos são maiores e mais rápidos entre as pessoas idosas, que já têm tendência natural à redução da acuidade auditiva.

PROTEÇÃO CONTRA OS RUÍDOS

Existem inúmeras medidas de proteção do ser humano contra os efeitos dos ruídos intensos e contínuos. O mais comum é a proteção direta dos ouvidos em certos ambientes especiais. Se você já observou as manobras de um avião, na pista do aeroporto, viu que todos os mecânicos e outros operadores que ficam perto do avião usam protetores de ouvidos.

Além disso, *barreiras acústicas*, como muros, vegetação compacta e outros obstáculos, podem ser colocadas em torno de indústrias ou de locais de atividades muito ruidosas, a fim de que os sons nocivos não se propaguem.

Embora sejam raras no Brasil, as barreiras acústicas constituem, em muitos países, obrigatoriedade em pontos críticos de estradas e até de avenidas, como acontece, por exemplo, no Japão e em muitos países da Europa.

Em muitos locais de trabalho as pessoas são obrigadas a usar protetores contra ruídos para prevenir-se da surdez progressiva.

Nos locais que se situam na proximidade de áreas habitadas, a colocação de barreiras acústicas é obrigatória.

Existem também medidas para redução do ruído em sua própria fonte. Todos nós conhecemos os sistemas de silenciadores que fazem parte, geralmente, dos tubos de escapamento de automóveis, caminhões e motocicletas.

Barreiras acústicas instaladas às margens dos trilhos do metrô para proteger os moradores dos prédios vizinhos contra o ruído excessivo causado pelos trens.

Existem leis, no Brasil como em outros países, que estabelecem o nível máximo de ruídos que cada veículo pode produzir. Infelizmente, essas leis nem sempre são observadas, e muitas pessoas, logo que compram uma moto ou um automóvel, tratam de substituir o tubo de escapamento silencioso por outro mais barulhento!

Devemos considerar, ainda, como muito importantes as medidas de *planejamento* da cidade, que, além de vários outros objetivos, podem contribuir bastante para a redução do nível de ruídos. Uma delas é a que se relaciona com o estabelecimento dos sistemas de *transportes coletivos*.

Quando a cidade não dispõe de um sistema eficiente, como o *metrô*, ou de redes bem planejadas de *trólebus* ou até de *bondes* elétricos, que são os sistemas mais silenciosos de transporte urbano, a população é obrigada a recorrer, a cada dia que passa, aos veículos individuais, como o automóvel ou a motocicleta. É lógico que o número de veículos nas ruas aumenta muito, causando congestionamento e diminuindo a velocidade de tráfego. E os carros, em baixa velocidade, produzem mais ruído — e também fumaça — do que em velocidade normal. O que dizer, então, da barulheira de buzinas que invade a cidade, a todo momento que o trânsito está lento e congestionado?!

Tudo isso torna penosa e difícil a vida numa cidade ruidosa. O constante estado de irritação produzido pelos barulhos urbanos diminui muito o rendimento do trabalho, impede o sono e o descanso, prejudica a leitura, o estudo e as atividades escolares, dificulta a reabilitação de pessoas doentes nos hospitais e contribui, de todas as formas, para o prejuízo da saúde de toda a população.

OS RUÍDOS QUE NÃO OUVIMOS

As vibrações percebidas pelo ouvido humano, na forma de sons ou ruídos, são as produzidas por um número de oscilações de 20 a 20.000 *hertz* ou "ciclos por segundo". Outros animais podem perceber maiores frequências, isto é, sons agudos que nós não ouvimos, ou *ultrassons*. Os morcegos, por exemplo, que são animais noturnos e de visão muito precária, guiam-se quase exclusivamente por vibrações ultrassonoras.

Bem acima dessas frequências existem vibrações, como as de rádio, medidas em *quilo-hertz* (milhares de hertz), no caso das ondas normais (AM), e em

Na cidade há grande concentração de radiações ou ondas eletromagnéticas que não sentimos, mas que podem causar danos à saúde.

mega-hertz (milhões de hertz), no caso das *ondas curtas* (SW) e da chamada *frequência modulada* (FM).

Em geral, as frequências dessa ordem têm sido consideradas inofensivas à saúde, desde que não cheguem a produzir calor ou efeitos térmicos, como nos fornos de micro-ondas.

Nos últimos anos, muitas pesquisas têm sido desenvolvidas a respeito de seus possíveis efeitos biológicos, dada a enorme quantidade de vibrações desse tipo que se concentra em uma grande cidade, representando uma significativa soma de energia aplicada sobre sua população.

Esses tipos de ondas ultrassonoras podem ser emitidos também por centrais transformadoras de eletricidade, cabos de alta-tensão, emissoras de radar nos aeroportos, motores em funcionamento etc.

Evidentemente, todas essas fontes podem ser encontradas nos grandes centros urbanos, o que obriga a adoção de medidas de precaução com respeito a seus possíveis efeitos.

Experiências de laboratório realizadas com animais têm revelado alguns tipos de influência, embora o mecanismo de sua produção ainda não seja bem conhecido. Em razão disso, têm sido adotados, nas metrópoles de vários países, limites de concentração dessas emissões sonoras.

7. O solo e a paisagem da cidade

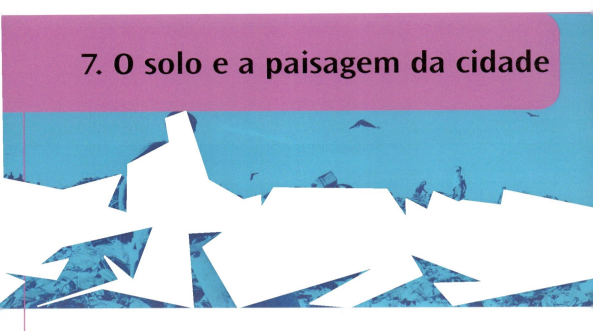

COMO É O SOLO

Por baixo do chão de asfalto, cimento ou pedra de uma cidade existe, é claro, um *solo*, do mesmo modo que por baixo da nossa roupa existe a pele. Já vimos como essa roupa de asfalto e cimento prejudica a absorção da água das chuvas, aumentando o escoamento superficial e causando inundações. Mas não é só esse o efeito da urbanização sobre o solo.

Os solos naturais de qualquer região são formados por decomposição ou desagregação de rochas primitivas. Conforme o grau de desagregação sofrido pela rocha original, podemos ter solos mais compactos e resistentes, ou solos mais desagregados e menos resistentes. Isso pode ser muito importante para a construção de grandes edifícios. A falta de estudos prévios sobre a resistência apresentada pelo solo local pode levar a verdadeiros desastres.

Na cidade de Santos, no litoral de São Paulo, por exemplo, existem muitos prédios inclinados, ou mesmo "afundados", por terem sido construídos em terrenos pouco resistentes, sem o necessário *embasamento*. Mas o exemplo mais famoso disso é o da *Torre de Pisa*, na Itália. O terreno, logo abaixo do solo, é constituído de lama, isto é, é um terreno pantanoso. Na época em que a bela torre de terraços artísticos de mármore foi construída (1173), ainda não se conheciam as

A falta de estudos prévios dos solos pode causar surpresas, como é exemplo histórico a famosa Torre de Pisa.

técnicas de *geotecnia,* hoje utilizadas no estudo da resistência do solo, e a torre, desde muitos séculos, vem se inclinando progressivamente.

Na decomposição do solo tomam parte ações físicas, como o desgaste produzido pelas águas, pelos ventos e até pelo gelo nas *eras glaciais* (em que porção considerável do nosso país era coberta de gelo); ações químicas, como o ataque das rochas pelo gás carbônico das águas ou do próprio ar; e ações biológicas, representadas pela atividade constante de milhões e milhões de organismos, como bactérias, fungos, algas, insetos, minhocas etc.

As ações biológicas são as responsáveis pela formação do *húmus*, constituído de matérias orgânicas com consistência gelatinosa que dão a cor escura aos solos mais férteis, como aqueles que procuramos para colocar nos vasos ou nos canteiros de jardins e hortas.

Podemos perceber, assim, que no interior do solo existe uma vida intensa, e que essa vida é responsável não só pela fertilidade como também pela resistência dos solos à ação desgastante da erosão. Isso porque o elemento que garante a fertilidade e a coesão do solo é o húmus, formado pela decomposição dos seres vivos. Graças à sua consistência gelatinosa, o húmus possui três propriedades fundamentais:

1.ª) Retém os nutrientes necessários à alimentação das plantas, como os nitratos e fosfatos, impedindo que a água das chuvas os dissolva, levando-os para os rios.

2.ª) Aglutina os grãozinhos do solo, formando grumos maiores, com grandes espaços entre si, para permitir a absorção de ar e de água pelas raízes.

3.ª) Aumenta a infiltração de água e "segura" os grãos de terra, o que dificulta o arrastamento do solo pelas águas das chuvas (erosão).

Consequentemente, onde não existem organismos formadores de húmus (num solo morto, por exemplo), a fertilidade diminui, as águas tendem a formar poças ou escorrer em vez de infiltrar-se, as raízes das plantas não podem respirar

A erosão causada pela falta de vegetação é um dos maiores inimigos do solo

e os grãos de terra se desagregam, sendo carregados pelas águas para dentro dos rios, entulhando-os. Com o tempo, esse processo de erosão vai removendo toda a camada fértil da superfície, restando apenas o subsolo estéril.

Isso é o que vemos acontecer em todas as regiões onde se fazem desmatamentos para formação de cidades ou de loteamentos em geral. Na ausência da mata, os organismos do solo morrem, seja pelo aquecimento e dessecamento produzidos pela incidência direta dos raios solares, seja pela falta de folhas e de outras substâncias vegetais que constituem a matéria-prima para a atividade biológica de decomposição e formação de húmus.

AS ÁREAS VERDES

Em uma cidade bem planejada e bem tratada, uma parcela significativa de seu solo é preservada na forma de áreas verdes. Essa parcela de áreas verdes é importante por várias razões. A primeira é a de absorver, infiltrar e evaporar parte das águas das chuvas, reduzindo a tendência à formação de enxurradas e inundações. Assim, evita-se a necessidade de canalizar e esconder os rios da cidade. Além disso, essas áreas, cobertas de vegetação herbácea, assim como de arbustos e árvores, contribuem para amenizar o clima, embelezar a cidade, atrair pássaros e outros pequenos animais e absorver um pouco do calor e do gás carbônico gerados pelas atividades urbanas.

Não se pode dizer que a vegetação, na cidade, tenha o mesmo papel ecológico que no seu ambiente natural. Na floresta ou nos bosques naturais, é importante a manutenção das espécies originais porque delas depende o equilíbrio ambiental, mantido pelas relações obrigatórias entre essas espécies. Assim, os insetos, os roedores ou os pássaros dependem da existência de certas espécies de frutas ou folhas para a sua alimentação. Alguns outros animais, predadores, dependem, por sua vez, de certas espécies de insetos que constituem o seu alimento, e assim por diante.

São essas *cadeias alimentares*, portanto, que mantêm o equilíbrio ecológico da floresta. Se as espécies de plantas originais são substituídas, tudo se altera.

Na cidade, as árvores, em particular, não têm propriamente uma função de *equilíbrio ecológico* ou de elo da cadeia alimentar. É claro que sua presença atrai pássaros e outros animais que poderão, até, se alimentar de seus frutos. Mas não há uma relação obrigatória, isto é, uma verdadeira *dependência* entre um e outro.

É muito comum vermos sobre as árvores da cidade os *pardais*, pássaros que se alimentam dos restos de comida que encontram nos quintais das casas e nas ruas. Esses pássaros utilizam a planta apenas como poleiro, protegendo-se à sua sombra. Raramente fazem ninhos em seus ramos.

Muitas das árvores que vemos na cidade são, de fato, originárias de outras regiões, de outros países e até de outros continentes. Da mesma forma, o pardal, o cão, a galinha e muitos dos animais criados na cidade provêm de outras regiões, e dificilmente encontraríamos qualquer relação natural entre eles e as plantas cultivadas nos jardins, praças e vias públicas.

Essas árvores, assim como esses animais, fazem parte, atualmente, da *cultura* do homem da cidade, isto é, dos seus hábitos e modo de vida. As árvores devem ser protegidas pelo que representam de história, pela beleza de seu porte ou de suas flores, pelo aspecto estético e paisagístico e também pelo seu significado ecológico. É claro que, além disso, como dissemos, elas podem amenizar o calor, facilitar a infiltração de água no solo, absorver gás carbônico, mas isso são propriedades de quaisquer plantas, e não características ecológicas específicas de algumas árvores.

A POLUIÇÃO DO SOLO

Assim como existe a poluição do ar pelos resíduos gasosos e particulados lançados pelas chaminés e escapamentos de veículos, e a poluição da água pelos lançamentos de resíduos líquidos das casas e das indústrias, também existe a poluição do solo. Esse tipo de poluição é causado pelo lançamento de resíduos sólidos ao solo, mais uma vez vindos das casas e das fábricas. Resíduos sólidos são o que normalmente costumamos chamar de "lixo" das cidades.

Para você ter uma ideia da quantidade de lixo que é diariamente produzida em uma cidade, basta dizer que, nas principais cidades brasileiras, cada habitante joga fora quase 2 litros de detritos sólidos por dia. Isso quer dizer que uma cidade de 1 milhão de habitantes tem de ter um sistema de caminhões e pessoas para

A falta de tratamento ou disposição adequada do lixo de uma cidade gera os lixões: fonte de mau cheiro, moscas, baratas, ratos e doenças.

recolher e transportar 2 milhões de litros, isto é, 2 mil metros cúbicos de lixo todos os dias! Sem contar mais uns 500 metros cúbicos varridos das ruas e calçadas.

Em peso, isso tudo representa aproximadamente 1.000 toneladas por dia. Ou seja, uma cidade de 1 milhão de habitantes necessita recolher e transportar cerca de cem caminhões de lixo diariamente! Isso sem contar o lixo produzido pelas indústrias.

Mas esse ainda não é o maior problema. A grande dificuldade está em onde colocar todo esse lixo. Dois mil e quinhentos metros cúbicos equivalem, aproximadamente, a uma montanha de lixo, em forma de pirâmide, com 20 metros de base e mais de 10 metros de altura! Onde colocar isso todos os dias?

Em geral, o lixo de uma cidade é enterrado em *aterros sanitários*, ou é queimado em *incineradores*, ou transformado em adubo nas *fábricas de composto*. Só que em muitas cidades nada disso é feito. O lixo é simplesmente jogado em terrenos baldios nos arredores da cidade, onde servem de ambiente à proliferação de moscas, baratas, ratos e urubus! É o que se costuma chamar de "lixão"! E, como se não bastasse, o lixo, ao decompor-se, produz um líquido chamado *chorume*, que se infiltra nos solos causando sua intoxicação, podendo torná-los estéreis, além de poluir as águas superficiais, dos poços e lençóis subterrâneos.

OS DESTINOS DO LIXO

Os resíduos sólidos — o lixo — são um grande problema para as cidades, mas muito do que é jogado fora pode ser reaproveitado se for mandado para o lugar adequado. Conheça algumas formas de tratar o lixo corretamente e veja como os materiais se transformam

Lixão / Aterro sanitário

No **lixão** a sujeira é empilhada sem cuidado, liberando gases que poluem o ar e atraindo animais.

No **aterro**, o lixo é coberto por terra, plástico e pedras, seguindo as normas de engenharia.

Restos de comida se decompõem rápido; plástico e metal levam mais de 450 anos; vidro e borracha ainda mais tempo.

Nas camadas inferiores forma-se o chorume, que é um caldo malcheiroso, e o gás metano.

No **aterro**, canos recolhem esse gás, que é queimado ou reutilizado.

No **lixão**, o chorume escorre, contaminando o solo e a água.

No **aterro**, canaletas levam o chorume para tanques de tratamento.

Compostagem

Restos de comida, como verduras, legumes, cascas de frutas e ovos, podem virar adubo orgânico.

Para fazer adubo é preciso organizar camadas: uma seca (de folhas, galhos, palha), que permite que o ar e a água passem, e outra de restos de alimentos.

Durante uns 3 meses essa mistura é regada com água e revirada. Lá dentro fica bem quente, o que ajuda a eliminar micro-organismos.

No final, essa mistura vira adubo orgânico, rico em nutrientes minerais, e fica com jeito e cheiro agradável de terra molhada.

Reciclagem

Garrafas, pneus, vidros, latinhas que foram descartados podem ser reciclados, mas precisam ser separados e mandados para empresas que fazem a reciclagem.

Pessoas separam o lixo por material: plástico, papel, metal, vidro e borracha. Depois, tudo é lavado para evitar contaminação.

Para transformar os materiais é preciso picá-los em pedacinhos bem pequenos para que depois virem produtos novos.

Cada material passa por um processo de reciclagem diferente. No fim, temos borracha, vidro, plástico, metal e papel, tudo novinho de novo.

Serviços de saúde

Todo lixo pode fazer mal à saúde, mas alguns são bem mais perigosos, como o lixo hospitalar, que contém objetos contaminados, remédios e outras substâncias perigosas.

Para nossa segurança, esse tipo de lixo é embalado em sacos resistentes, ainda no hospital, e destinado a tratamento adequado.

Alguns resíduos hospitalares são esterilizados em máquinas com temperaturas acima de 100°C. Mas outros, como seringas sujas ou remédios muito perigosos, são incinerados na temperaturas acima de 800°C!

Depois tudo é embalado novamente e enviado para o aterro sanitário.

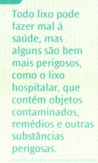

8. A saúde na cidade

EXISTEM DOENÇAS URBANAS?

As doenças que existem na cidade são as mesmas que podem existir no campo ou em qualquer outro lugar. A diferença é que, na cidade, onde há uma concentração muito maior de pessoas, a maioria das doenças transmissíveis se propaga mais rapidamente.

É a proximidade entre as pessoas que facilita a transmissão, intensificada nos casos de resfriado comum, de sarampo e de várias outras doenças transmitidas pelo ar, por *vírus* que se propagam de uma pessoa para outra diretamente.

A cidade também pode criar condições que favoreçam a contaminação. Enormes quantidades de detritos são acumuladas, seja na forma de lixo, seja de esgotos. Esses detritos ficam nas proximidades das habitações e facilitam, dessa forma, o contato entre os organismos *patogênicos* (micróbios transmissores de doenças) e os seres humanos.

O caso das epidemias de *peste bubônica* ou *peste negra*, ocorridas durante a Idade Média, é muito típico. A peste é uma doença muito grave, quase sempre fatal, causada por bactérias transmitidas por pulgas de ratos, as quais também costumam picar as pessoas. Mas esse tipo de pulga só aparece onde existe grande concentração de ratos.

No século XIV, na Europa, o acúmulo de lixo nas casas e ruas originou grandes epidemias de peste. Uma delas, objeto deste quadro impressionante, ocorreu em 1347, matando cerca de um quarto da população europeia (*Triunfo da Morte*. De Bruegel,1562. Óleo sobre tela, 117X162 cm).

Na Europa da Idade Média, as condições de higiene das cidades eram muito precárias. O lixo, os restos de alimento e até mesmo fezes eram simplesmente atirados às ruas, onde se amontoavam continuamente, sem que ninguém os retirasse. Como consequência dessa imundície e da fartura de alimentos à disposição, os ratos se reproduziam extraordinariamente, invadindo as casas e "convivendo" com o homem.

A peste negra apareceu na Europa em diferentes ocasiões. A mais terrível foi no século XIV, em epidemias que vieram da Ásia e que se repetiam a cada dez ou quinze anos mais ou menos. Na Inglaterra, em 1347, morreu um quarto da população. Em outros países a mortalidade chegou a 50% e até a 70%! Como as epidemias se repetiam periodicamente, não havia tempo, entre uma e outra, para a população se recompor.

TRANSMISSÃO DE DOENÇAS PELOS ESGOTOS

Até meados do século XIX os esgotos das casas não tinham contato com os rios. A poluição das águas era causada, então, apenas pelos despejos de pequenas indústrias e matadouros. Os rios não continham, portanto, organismos patogênicos.

Esses organismos, que geralmente acompanham os dejetos humanos, eram, àquela época, retidos em fossas nas próprias casas.

Foi por volta de 1850 que se iniciou, na Inglaterra, o uso obrigatório de água para descargas dos sanitários. Os dejetos e suas bactérias passaram, dessa forma, a ser despejados nas redes públicas de esgotos, que até então só transportavam as águas das chuvas, e daí para os rios. Nessa época os rios da Inglaterra e logo depois os da França e da Alemanha, na Europa, e os dos Estados Unidos, na América do Norte, começaram a apresentar forte mau cheiro e a servir de veículo de várias doenças epidêmicas.

Em 1866 e 1872 duas fortes epidemias de *cólera* dizimaram as populações da Europa. A *febre tifoide* e as *disenterias bacterianas* também causaram milhares de mortes tanto na Europa quanto nos Estados Unidos. Só então começaram a surgir as técnicas de *tratamento de esgotos* e de *tratamento de águas* para abastecimento. Esses tratamentos, realizados através da filtração em *filtros de areia*, reduziram muito a incidência de epidemias.

O mau cheiro desprendido pelas águas poluídas do rio Tâmisa (hoje despoluído) chegou, no século XIX, a provocar a suspensão das sessões do Parlamento britânico.

Finalmente, com o uso generalizado do *cloro* como desinfetante obrigatório, as águas potáveis deixaram de transmitir doenças. Hoje se pode garantir que a água tratada pelos sistemas públicos de saneamento e distribuída à cidade não contém micro-organismos patogênicos. Mas os rios das grandes cidades continuam em geral poluídos, cheios desses organismos.

OUTRAS DOENÇAS LIGADAS À ÁGUA

As águas estagnadas dentro da cidade podem, ainda, constituir um veículo indireto de outras doenças. Durante as inundações é comum, por exemplo, o aparecimento de casos de *leptospirose*, doença provocada por um micróbio transmitido pela urina de animais, como o rato, por exemplo.

Nas inundações é frequente a água invadir casas e quintais, entrando em contato com ratos, alimentos e pessoas. Dessa forma, a água das enchentes passa a ser um veículo dessa doença. Além disso, águas estagnadas permitem a rápida proliferação de *mosquitos vetores* — insetos que propagam micróbios de várias doenças, dentre elas a malária, a febre amarela, a dengue.

A reprodução desses mosquitos não exige grandes quantidades de água. Bastam pequenos reservatórios: vasos abandonados em túmulos de cemitérios; latas, garrafas, copos de plástico, pneus velhos e outros recipientes que acumulam água das chuvas em depósitos de lixo etc. Os funcionários dos serviços de saúde pública costumam visitar esses locais para aplicar inseticidas e esvaziar os recipientes com água acumulada.

Em vários locais do Brasil há uma doença chamada *esquistossomose*, que é, também, transmitida através da água. Nesse caso, o transmissor é um caramujo que vive em lagoas, valas ou rios de pequena velocidade, especialmente onde existe bastante vegetação nas margens.

A transmissão da esquistossomose está associada à poluição, pois o ovo do verme parasita é levado à água pelas fezes humanas de pessoas que contraem a doença. Desses ovos nascem larvas aquáticas que penetram obrigatoriamente no caramujo. Nele elas se multiplicam, dando origem a outro tipo de larva, também aquática. Saindo do caramujo, essa larva penetra nas pessoas por meio da pele quando elas tomam banho nessas águas.

PROBLEMAS CRÔNICOS DE SAÚDE

O ambiente de uma cidade grande é, como já vimos, sensivelmente diferente do ambiente do campo, das montanhas, de pequenas cidades ou da praia, locais onde a população é menor. Uma pessoa não acostumada à poluição logo que chega a uma cidade grande pode sentir um certo ardor nos olhos. Às vezes, também, sente alguma irritação na garganta, que pode se transformar em tosse.

Essas sensações são provocadas por substâncias irritantes existentes no ar da cidade. Podem ser compostos gasosos, como os *formaldeídos* emitidos pelos automóveis, por algumas indústrias, ou por fogões e fornos a lenha. Também podem ser simplesmente partículas de poeira dispersas na atmosfera pelas chaminés e por outras atividades industriais.

Pessoas *alérgicas* são mais sensíveis à ação dos poluentes, principalmente as que sofrem de bronquite e outras deficiências respiratórias. Em várias cidades do mundo o excesso de poluição do ar tem causado milhares de casos de intoxicação aguda.

Um outro problema típico de quem vive nas cidades, e que não deixa de afetar a saúde, é a falta de atividades físicas.

As pessoas da cidade têm, em geral, vida muito sedentária, isto é, não se movimentam.

Em geral, quem mora na cidade tem hábitos *sedentários*, passa a maior parte do tempo parado, seja sentado em uma cadeira de escritório, ou ao volante de um automóvel, seja repetindo, diariamente, os mesmos movimentos, dentro de uma fábrica ou de uma indústria, andando e se exercitando pouco. Mesmo nas tarefas domésticas, as pessoas quase não fazem uso de seus braços e pernas, pois o ambiente doméstico é totalmente "eletrificado", com máquina de lavar, aspirador de pó, enceradeira etc.

A vida da casa para o trabalho, do trabalho para casa, sem nenhum tipo de exercício físico, torna as pessoas sujeitas à obesidade, a distúrbios respiratórios e circulatórios, a ter dores nas costas causadas por má postura da coluna vertebral.

É claro que os hábitos sedentários estão diretamente relacionados às características da profissão e das atividades que se exercem na cidade. Na medida do possível, ter uma vida mais saudável implica a prática de esportes, passeios diários a pé, enfim, algum tipo de exercício que compense as horas que passamos fisicamente inativos.

9. Os costumes na cidade

ADAPTANDO-SE AO AMBIENTE URBANO

A adaptação às condições da cidade exigiu — e ainda exige — profundas mudanças nos seus costumes, hábitos, modo de vida. Para constatarmos isso, basta comparar a vida de quem vive no campo, lavradores em uma fazenda ou sítio, com a vida de operários, trabalhadores braçais em uma grande cidade: os hábitos e costumes são completamente diferentes. E as diferenças serão ainda maiores se a comparação for feita com uma pessoa que exerce funções administrativas em algum escritório localizado em um alto edifício na zona mais movimentada do centro de uma metrópole.

O ser humano, aliás, é o único animal deste planeta capaz de desenvolver hábitos totalmente diversos, conforme as condições do ambiente em que vive. Mesmo os animais domésticos tendem a manter seus hábitos primitivos no ambiente urbano. Assim, as galinhas continuam dormindo em poleiros, que, para elas, representam os galhos de árvores em que, há séculos, seus antepassados repousavam, para se proteger de animais carnívoros; embora já não precisem, os cães continuam, mesmo dentro do reduzido espaço de uma casa, a "marcar seu território" com a urina, como fazem os lobos e os cães selvagens em seu ambiente natural.

As pessoas adquirem diferentes hábitos de acordo com o ambiente em que vivem, originando diferentes culturas.

Mesmo mantendo inalteradas as características biológicas básicas, o ser humano molda ou muda seus hábitos para adaptar-se aos diferentes tipos de ambiente, sejam os desertos da África ou da Arábia; sejam as regiões geladas do Ártico; sejam as florestas tropicais da América; sejam cidades como Nova York, Tóquio ou São Paulo.

No ambiente urbano as pessoas se adaptaram ao asfalto, ao ruído, à fumaça, ao trânsito intenso, como também aos alimentos enlatados, às refeições rápidas, ao trabalho e ao lazer com equipamentos mecânicos e eletrônicos etc.

Esse conjunto diversificado de hábitos, adequado a um determinado ambiente, denomina-se *cultura* de um povo. Os habitantes das cidades possuem uma cultura própria, que pode diferir um pouco de uma região para outra, mas sempre apresentando laços comuns, ligados à intensidade de vida que caracteriza as áreas urbanas.

OS DESPERDÍCIOS DA CIDADE

Como foi dito no início deste livro, as cidades foram criadas, entre outras coisas, para permitir trocas de mercadorias, de ideias, transformação de produtos, comércio, armazenagem. Essas atividades se realizam com muita rapidez e intensidade, diferentemente do que acontece no campo.

A realização acelerada e contínua de todas essas atividades acaba gerando um brutal desperdício. E esse desperdício constitui uma das diferenças mais significativas entre os centros urbanos e a zona rural.

Na cidade, desperdiçam-se alimentos, materiais, energia, tudo para não desperdiçar o *tempo*, que é a coisa mais preciosa nos ambientes em que as ações devem acontecer com grande rapidez.

No campo, as pessoas têm tempo para dobrar e guardar o papel que retiram de um embrulho, para usá-lo numa próxima vez. Têm tempo para desentortar e guardar pregos usados; para enterrar o lixo e o esterco, que servirão de adubo à plantação; para apagar a luz, ao deixar um cômodo; para separar os restos de comida, que vão engordar um porquinho, uma galinha...

Na cidade, muitos objetos de uso diário são descartáveis, como garrafas de água e refrigerante, guardanapos, toalhas de mão, lenços, fraldas, embalagens em geral. Tudo é feito para ser descartado rapidamente, até celulares e compu-

Prédios mal projetados para o ambiente tropical causam a necessidade do uso excessivo de aparelhos de ar-condicionado.

tadores. Ou seja, o "melhor" produto para o hábito de consumo é aquele que dura pouco...

A quantidade de matérias-primas — madeiras, metais, petróleo e outros produtos naturais — e de energia que é consumida nesse processo de *descartabilidade* chega a índices absurdos. O mesmo se pode dizer da quantidade de lixo, de fumaça e de esgotos gerados. Consequentemente, as reservas de matéria-prima e de energia se esgotam. Os locais para depósito de lixo são escassos. Os rios estão sendo cada vez mais poluídos, bem como o ar e o solo cada vez mais envenenados.

O desperdício de energia (em grande parte responsável pelo aquecimento da cidade e pela formação das ilhas de calor, de que já tratamos) é um dos que mais chamam a atenção.

Nós, no Brasil, vivemos em uma região tropical, isto é, com grande intensidade de luz e calor solar. Só por isso não precisaríamos gastar tanta energia como nos países frios, onde há necessidade de aquecimento e de iluminação durante boa parte do ano. Mesmo assim, continuamos gastando mais e mais energia, o que é um desperdício.

A maioria dos edifícios da cidade possui áreas internas sem iluminação solar, o que torna obrigatório manter a luz acesa o dia todo. Além disso, são muito quentes, abafados, sem ventilação adequada, e, portanto, necessitam de instalações de ar-condicionado caras e que consomem mais energia.

Mas o desperdício não para na energia elétrica.

Os nossos sistemas de transporte urbano coletivo são extremamente precários, com ônibus escassos e sempre lotados. Nas cidades onde há metrô, a rede ainda é pequena. Resultado: o automóvel se torna indispensável. Como cada automóvel conduz, quase sempre, um único passageiro, o consumo de combustível, a geração de calor e de poluição e os problemas de trânsito são muito maiores do que se a cidade dispusesse de um bom sistema de transporte coletivo.

O que custaria menos: um número razoável de ônibus, de linhas de metrô, de trólebus ou de bondes para atender a todos os habitantes da cidade ou um automóvel para cada cidadão?

Algumas informações podem ser muito significativas. O reaproveitamento de uma simples lata de cerveja permite economizar uma quantidade de energia equivalente a meia lata igual de gasolina. Uma simples lâmpada de 100 watts, dessas que usamos em nossas casas, se for mantida acesa doze horas por dia durante um ano, consome o equivalente à queima de quase 200 quilos de carvão. Além disso, essa queima produziria cerca de 500 quilos de gás carbônico na atmosfera, e mais uma quantidade considerável de gases de enxofre!

Quanto carvão ou quanto petróleo estaríamos economizando se tivéssemos o cuidado de manter as luzes apagadas quando não são necessárias? Ou, se a fonte de energia forem as grandes represas hidrelétricas, quantos quilômetros quadrados de matas estaríamos evitando que fossem inundados e destruídos na construção de grandes represas?

10. Como melhorar o ambiente da cidade

O AMBIENTE DOMÉSTICO

Para tornar o ambiente da cidade mais agradável, um ponto de partida seria melhorar o ambiente da nossa própria casa. Você já pensou na quantidade de pequenas coisas que poderiam ser modificadas no nosso dia a dia não só para reduzir os gastos, mas também para melhorar a qualidade de vida na cidade?

Vejamos alguns dos aspectos aqui colocados como problemas gerais da cidade, mas que começam na casa de cada cidadão. A questão da impermeabilização do solo, por exemplo.

Parece ser uma tendência generalizada a de *pavimentar*, ladrilhar, cimentar toda a área do terreno onde é construída a casa ou o edifício de apartamentos. Com isso, toda a água das chuvas que aí cai é canalizada para os coletores subterrâneos de águas pluviais. Depois, vai parar nos rios, que, como sabemos, não comportam essa sobrecarga. Se, ao contrário, usássemos a maior área possível do terreno para fazer jardins e gramados, essa água estaria se infiltrando no solo!

Essa solução teria ainda a vantagem de aumentar as áreas verdes, com maior absorção de gás carbônico do ar, de reduzir a temperatura e de embelezar muito a paisagem!

Ainda com relação à questão das águas, há um outro problema mais delicado. Muitas pessoas, contrariando a lei, ligam os esgotos sanitários de suas casas ao coletor de águas de chuva. Isso gera vários problemas. O principal deles é que os coletores de esgotos sanitários são encaminhados, normalmente, para uma *estação de tratamento* que faz a depuração dos esgotos antes de lançá-los ao rio. As águas das chuvas vão diretamente para o rio e se contiverem esgotos o estarão poluindo e contribuindo para a transmissão de germes patogênicos.

Gramados e jardins em lugar do cimentado ou ladrilhado embelezam as casas e os edifícios e contribuem muito para reduzir os problemas ambientais da cidade.

É verdade que regiões da cidade não possuem rede coletora de esgotos sanitários. Mas, nesse caso, a solução não é ligá-los à rede de águas pluviais, e sim instalar um *tanque séptico* para recebê-los, depurá-los e infiltrá-los no próprio solo!

Outra questão importante, já citada, é o gasto excessivo de energia elétrica. Uma lâmpada acesa desnecessariamente, a geladeira com a porta mal fechada, o uso da máquina de lavar ou de secar com poucas peças em vez da capacidade completa, os longos banhos no chuveiro elétrico etc., provocam um aumento de *demanda de energia*. Esse aumento, generalizado, impõe a necessidade de ampliar o sistema de represamento de água e outras formas de captação energética.

Em outras palavras, cada um de nós está colaborando para a destruição de uma pequena área da Floresta Amazônica, onde está localizado o maior potencial hidrelétrico do país. Além disso, o uso excessivo de energia nas casas aumenta a produção de calor interno. E o que acontece? Ligam-se os ventiladores ou os condicionadores de ar, com mais gasto de energia!

ALGUMAS INICIATIVAS PRÁTICAS

Você já pensou em maneiras de reduzir os ruídos que provoca em sua própria casa ou que os outros provocam no uso de carros e motos? A diminuição do volume do seu aparelho de som, o conserto do tubo de escapamento dos automóveis e várias outras pequenas providências poderiam contribuir bastante para nossa tranquilidade, a de nossos vizinhos e muitas outras pessoas. E, se todos procedessem dessa forma, a cidade se tornaria muito mais agradável, tanto para o lazer quanto para o trabalho!

No capítulo 9, falamos do desperdício… Evitá-lo dentro da nossa própria casa é outra forma de colaborar para o bem-estar da cidade como um todo.

Comece por rejeitar, sempre que possível, os objetos descartáveis. Prefira aqueles que possam ser lavados e reutilizados indefinidamente. Uma ideia interessante, já em uso em muitas cidades, é a de separar o lixo em vários tipos de saquinhos ou recipientes: um para os restos de alimentos, que deve ter a cor marrom, indicando que são lixos "orgânicos"; outro, de cor verde, para os vidros; outro, de cor amarela, para os metais; outro para os papéis, com a cor azul; e outro, finalmente, de cor vermelha, onde serão jogados os plásticos. Isso permite a reutilização de cada um desses materiais ou o encaminhamento para a reciclagem. Quando não é possível uma separação tão detalhada, pode-se separar, pelo menos, o material *úmido,* que são os restos de alimentos, e o material *seco, reciclável,* que são os papéis, vidros, plásticos e metais.

Fazer um jardim em casa também pode representar um benefício para o ambiente da cidade. Além de possibilitar maior infiltração das águas das chuvas, embeleza as ruas e acaba recuperando uma atividade que o cidadão comum já não pratica há muito tempo: a jardinagem.

As tarefas de revolver a terra, plantar, arrancar mato, podar, regar não só constituem ótimo exercício físico como representam uma forma de lazer saudável e criativa, tal qual todo contato com as coisas da natureza.

Enfim, todas essas iniciativas, em última instância, contribuiriam para a melhoria da saúde das pessoas de nossa própria casa.

UMA CIDADE MAIS SAUDÁVEL E... FELIZ!

Transferir para a cidade essas pequenas medidas resultaria, sem dúvida, em aperfeiçoamento das condições gerais de vida no ambiente urbano. É claro que, além dessas iniciativas de cada um de nós, cidadãos, haveria uma série de outras providências que caberiam aos governantes e às grandes empresas. Vejamos, a seguir, algumas delas.

1. A implantação de parques e ruas arborizadas, aumentando o verde e as áreas de infiltração das águas das chuvas. Em algumas cidades da Suíça, onde há pouco espaço para áreas verdes, elas estão sendo feitas no alto dos prédios! Imagine as nossas cidades, com as imensas áreas disponíveis que possuem (sem precisar recorrer ao teto das casas), como ficariam muito mais agradáveis e belas se os espaços às margens dos rios e outros mais periféricos fossem reservados para parques ou ajardinados! Além de tudo, o problema das enchentes e inundações seria amenizado.

2. A implantação de um sistema eficiente de transportes coletivos. Seria ótimo se, para trabalhar, pudéssemos deixar em casa nosso automóvel, usando-o somente nos passeios de fins de semana (quando necessitaríamos apenas

de um veículo, e não de um para cada membro da família…). Sem dúvida isso seria possível se tivéssemos a certeza de poder contar com um lugar mais confortável no ônibus ou no metrô, e se o ponto ou a estação ficassem próximos de casa e do local de trabalho. A locomoção seria mais barata, não sofreríamos a carga de aborrecimentos causados pelos congestionamentos no trânsito e a cidade seria beneficiada com a redução da poluição (principalmente se os coletivos fossem elétricos) e da emissão de calor e de ruídos. E mais: estaríamos reduzindo o gasto geral de energia e de combustíveis.

3. A construção de edifícios mais ecológicos. Os edifícios — e também as casas — em nossas cidades são, em grande parte, construídos segundo modelos mais adequados às regiões frias do hemisfério norte. A ventilação é precária, os materiais retêm muito calor, não permitem boa iluminação natural, e o uso excessivo de vidros age como concentrador de calor, como nas estufas. Em países tropicais, tudo isso cria um alto desconforto. Esses edifícios exigem gastos maiores com ar-condicionado e luz elétrica e agravam a formação de ilhas de calor.

4. A implantação de sistemas adequados de saneamento: o tratamento dos esgotos domésticos e industriais; o planejamento da cidade de modo a situar indústrias poluidoras ou ruidosas em regiões distantes das moradias e locais de trabalho e de estudo; coleta, tratamento e reciclagem dos diversos tipos de lixo para máximo reaproveitamento de materiais.

Pôr em prática essas medidas, e muitas outras, seria contribuir, de fato, para reduzir o desperdício e conter gastos.

Assim, planejar uma cidade é fazer dela um ambiente mais humanizado, saudável e confortável. É torná-la realmente um lugar bom para se viver.

A URBANIZAÇÃO E OS IMPACTOS AMBIENTAIS

Ecocidade de Dongtan

Será inaugurada na China, em 2030, uma cidade chamada Dongtan, cujo projeto procura integrar todos os preceitos de sustentabilidade de uma cidade moderna. A ecocidade contará com 500 mil habitantes.

Emprego
Uma das preocupações dos criadores é evitar que Dongtan seja uma cidade-dormitório. Então o plano é ofertar vagas de emprego. Como? Convencendo empresas que trabalhem de acordo com os princípios da sustentabilidade a instalar seus escritórios lá.

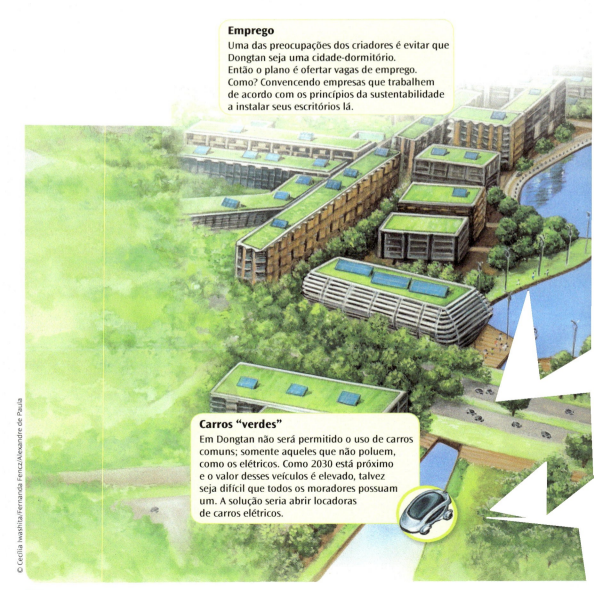

Carros "verdes"
Em Dongtan não será permitido o uso de carros comuns; somente aqueles que não poluem, como os elétricos. Como 2030 está próximo e o valor desses veículos é elevado, talvez seja difícil que todos os moradores possuam um. A solução seria abrir locadoras de carros elétricos.

Bibliografia e Sugestões de leitura para o aluno

Bibliografia

CARSON, R. *Primavera silenciosa*. São Paulo: Gaia, 2010.

COLIN, R. T.; BEGON, M.; HARPER, J. L. *Fundamentos em Ecologia*. Porto Alegre: Artmed, 2006.

FAJARDO, E. *Ecologia e cidadania [se cada um fizer a sua parte]*. São Paulo: Senac, 2012.

GOLDENBERG, J. (Coord.); ROMÉRO, M. A.; BRUNA, G. C. *Metrópoles e o desafio urbano frente ao meio ambiente*. São Paulo: Editora Blucher, 2010. v. 6.

GORE, A. A. *Uma verdade inconveniente:* o que devemos saber (e fazer) sobre o aquecimento global. São Paulo: Manole, 2007.

GUEVARA, A. J. H. et al. *Conhecimento, cidadania e meio ambiente*. São Paulo: Fundação Petrópolis, 1998. v. 2.

MILLER, G. T.; SPOOLMAN, S. E. *Ecologia e sustentabilidade*. São Paulo: Cengage Learning, 2012.

PENTEADO, H. D. *Meio ambiente e formação de professores*. São Paulo: Cortez, 2010.

VEIGA, J. E. (Org.) *Aquecimento global:* frias contendas científicas. 2. ed. São Paulo: Senac, 2008.

Sugestões de leitura para o aluno

CAVINATTO, V. M. *Saneamento básico*: fonte de saúde e bem-estar. São Paulo: Moderna, 1992.

MARTINS, M. H. P. *Eu e os outros*: as regras de convivência. São Paulo: Moderna, 2001.

MATTOS, N. S.; GRANATO, S. F. *Lixo, problema nosso de cada dia:* cidadania, reciclagem e uso sustentável. São Paulo: Saraiva, 2005.

RODRIGUES, F. L.; CAVINATTO, V. M. *Lixo, de onde vem? Para onde vai?* 2. ed. São Paulo: Moderna, 2003.

RODRIGUES, R. M. *Cidades brasileiras*. 2. ed. São Paulo: Moderna, 2005.

SCARLATO, F. C.; PONTIM, J. A. *O ambiente urbano*. 4. ed. São Paulo: Atual, 2011.